恋愛　仕事　人間関係　健康　お金

寝る前に5分読むだけで不安がスーッと消え去る本

心理カウンセラー
弥永英晃

大和出版

はじめに

恋愛、職場、生活、人間関係、ビジネス、健康　お金……。

いま、この中で、あなたは「不安」に思うことがありますか？

この本は、心理カウンセラー・作家である私が、「脳科学」と「心理学」の理論・技法を物語（小説）に組み込んだものです。夜寝る前に読むだけで、心の不安がスーッとラクになっていくようにつくられています。

このような本は日本はもちろん、外国にも一冊もないと思います。Part 2は、画期的な読むだけで「潜在意識から心を深く癒やす小説」です。7つの短編なので、長いものは読むのが「しんどい人」にも簡単に読めます。

手軽に読んでいただける心理本ということで、難解な専門用語や理屈はあまり書かないようにしています。どなたが読んでもわかりやすいと思います。

この7日間の物語を読むだけで、

①物語が心の中の潜在意識に働きかける
②プラスの暗示が入り込む
③不安がなくなり明日から元気になれる！　ポジティブな気分になれる
④免疫力がアップする（よく眠ることでホルモンが分泌）
⑤自己肯定感が高まり自信が持てる

――といった効果が期待できます。

プラスの暗示を入れていくことで元気になるし、自己肯定感も高まるハッピーエンドの物語になっているので、どなたが読まれてもスーッと不安が軽くなります。

あなたがこれまで、変えたい・変わりたいと思い、何十冊も本を読んで勉強しても、不安がなくならないのは、心のたった1割にすぎない「意識の力」を使っているからです。

一方、この7日間の物語には、心の9割を占める「潜在意識」にある不安が消え、ポジティブになる暗示やストーリーが組み込まれているので、変化への期待が持てます。

「潜在意識はイメージ（物語）と現実が区別できない」
「夜、寝る前は潜在意識に入り込みやすい状態」
（詳しくはPart 1を参照）
ということを利用して、潜在意識から変化を促す本です。

夜寝る前に読むだけで、物語を潜在意識に落とし込むことができ、翌日から心が軽くなり、不安がなくなります。

これは心理学に根拠のある方法ですが、脳科学の観点からも絶大な効果が期待できます。

脳科学でのアプローチでは、「ものまね細胞」といわれる「ミラーニューロン」を活用します。

登場人物の言葉やイラストによって、不安が消え、明るくポジティブな気分になっていきます。ハッピーエンドになる物語からは、読むと元気が出て、最後はやさしい幸せな気分になれるのです。

あなたが夜寝る前に、自分の不安をスーッと消し去り、元気になり、心に栄養と活力を与えたいと思っているのなら、「読む心のビタミン剤」として、本書がお役に立ちます。

読むたびにあなたの心が軽く元気になります！

〝寝る前5分〟読むだけで「不安」がスーッと消え去る本　目次

Part 1

Introduction

なぜ、この「物語」であなたは変わるのか

Part 2

Stories of Miracle

読むだけで不安が消え去る「7つの物語」

イラスト　みずす
本文デザイン　松田行正＋倉橋弘（マツダオフィス）
ＤＴＰ　青木佐和子

この本のすごい効果

他人に
振り回され
なくなる

自信が
ついてくる

いい気分で
毎日を過ごせる
ようになる

落ち込み
にくくなる

免疫力が
高まる

なにがあっても
物事を
ポジティブに
捉えるようになる

不安で
眠れないことが
なくなる

仕事での
成果を
出しやすくなる

不安が軽くなって
幸せな恋愛
になる

この本の使い方

◆Part2の物語でなぜ不安がラクになり、ポジティブになるのか？を納得した上で読みたい方は、Part1からお読みください。スグに物語を読んで効果を実感したい方は、Part2を夜寝る前に読んでください。

◆Part2の物語は1夜目から順番に読まれることをお勧めします。

◆一度読んで終わりにせずにぜひ何度も読み返してください。21日間続けること（潜在意識に定着する）がお勧めです。

◆**音読**および、一字一句味わいながら**心の中**で読むと、さらに不安が消え、ポジティブになります。

Part 1
Introduction

なぜ、この「物語」であなたは変わるのか

心のしくみ――「意識」と「潜在意識」

あなたは「潜在意識」あるいは「無意識」という言葉を聞いたことがありますか？　この本ではあなたの「心の潜在意識」にアクセスして不安をラクにするので、ここで簡潔にご説明します。

人の心は大きく分けるとふたつに分類できます。「意識」と「潜在意識（無意識）」です。

人の心に潜在意識が存在するのを発見したのは「心理学の父」として有名な精神分析医のジークムント・フロイト博士です。

次ページをご覧ください。心のしくみを図で表しました。

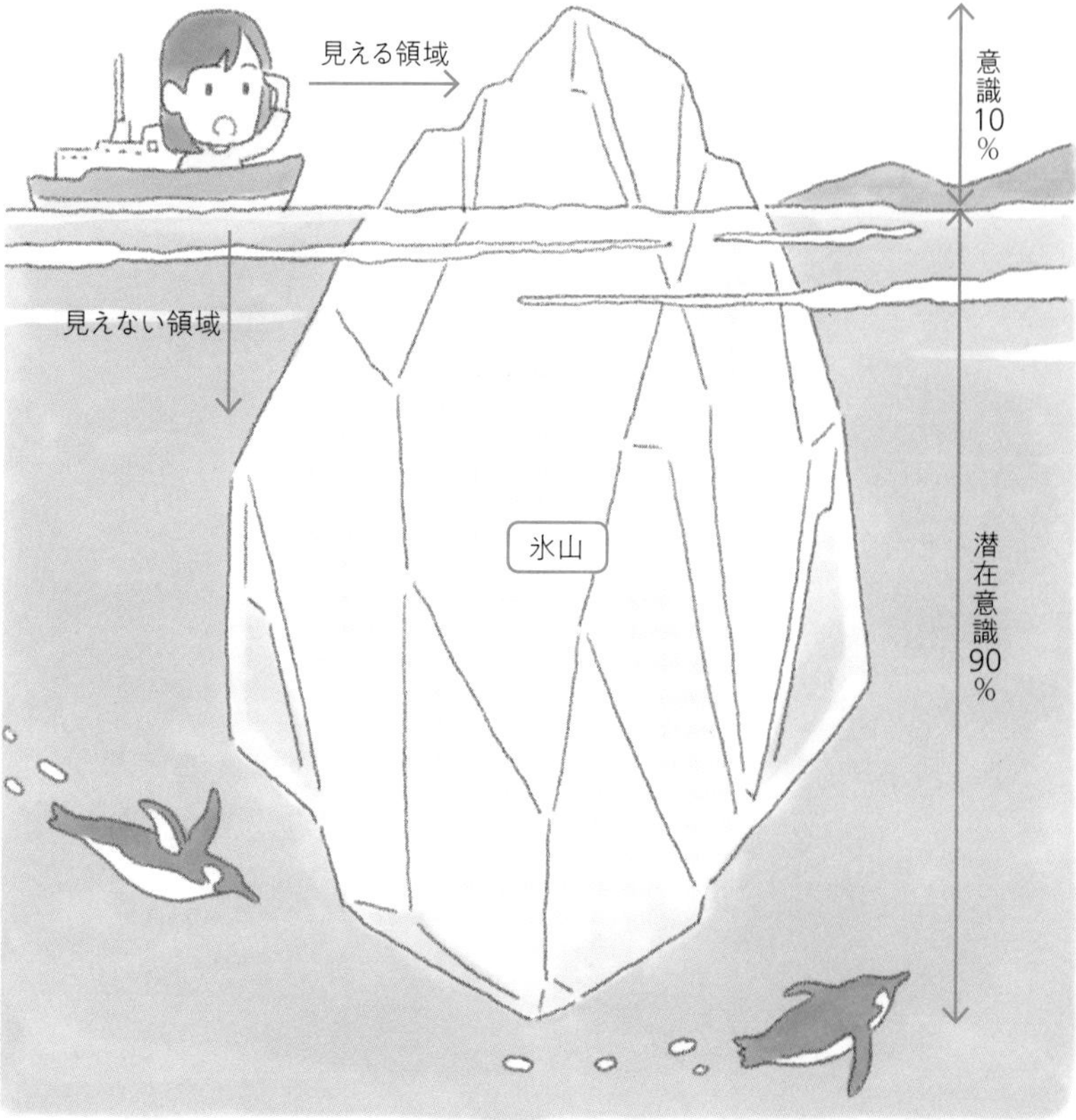

船から見えている部分の氷山は先端のほんの一部分=意識
船から見えていない海面下の大きな隠れた氷山=潜在意識

潜在意識のほうがパワフルなわけ

意識と潜在意識の割合は1：9

私たちが意識できる「意識」は、心の領域の10％
私たちが意識できない「潜在意識」は、心の領域の90％

つまり、私たちが意識できる意識は心全体の10％しかないのです。
ですから、10％の意識の力を使って不安をなくす努力をするのと、心のほとんどを占める90％の潜在意識を使って不安をなくすのと、どちらが効率がよく、合理的かというと、潜在意識にアプローチするほうですよね？

潜在意識に暗示を入れて物語を読むことで、ポジティブになって、不安が消え去り、ラクになるように、この本をつくりました。

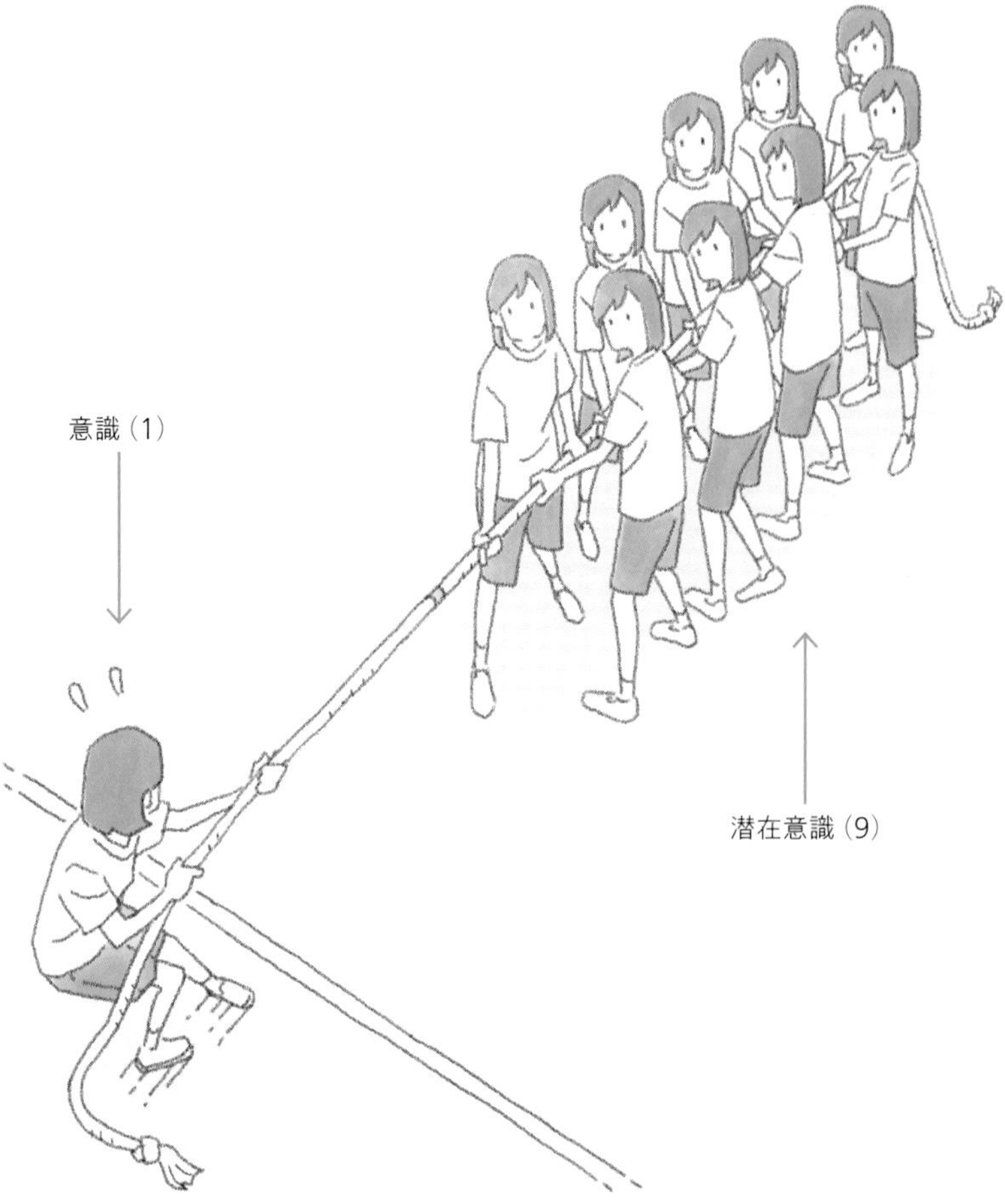

意識の力の10%でどんなに引っぱっても、90%の潜在意識にはかないません。圧倒的な大差があるのです。

すごいイメージの力

意識と潜在意識の割合は1：9と書きました。

では、意図して、より強力な潜在意識にアクセスすることができないでしょうか。そこで大切なのがイメージすることです。

イメージすることがどうして潜在意識にアクセスすることになるのか、と疑問に思う方もいるでしょう。わかりやすく説明しますね。

簡潔にいうと、人はイメージするとき、右脳を使い、リラックスしているからです。トイレやお風呂でボーッとしていると、突然、悩みの答えがひらめいたり、なにかアイデアが降りてきたりしたことはないでしょうか。意識の力、左脳をいくら使って考えても出てこないひらめきです。

人は1日に14回程度、軽い潜在意識を使える状態に入っているといわれており、それはイメージを使って、脳派をアルファ波（リラックスしたときに出る脳波）にしているときです。

また、潜在意識は「現実とイメージを区別できない」という特性を持っています。

いまからあなたに質問します。

「ピンクの象を絶対に想像しないでください！」

こう言われて、あなたは「ピンクの象を想像（イメージ）してしまった」のではないでしょうか？

このようにイメージする力は強力です。

もうひとつ例を出します。

「レモンを想像してください。

目の前に黄色いすっぱいレモンがあります。

このレモンを果物ナイフでカットすると、香るレモンの香りがあなたの鼻に入ってきます。

そのレモンのひと切れを口に入れます。しっかりと奥歯で噛《か》んでください。

あなたの口の中にレモンの果汁が広がるのを想像してください」

どうですか?

きっと、すっぱく感じて、口の中に唾液があふれてきたのではな

いでしょうか？

つまり、想像でも、体は本当に生理的現象として反応してしまいます。

潜在意識には「現実とイメージを区別できない」という特性がありますから、イメージを現実のように捉え、物語の中で想像したことであっても、まるで現実のように体は生理的反応を示します。

このようにイメージはより強く、深く潜在意識に定着します。

「潜在意識」という畑に暗示を植えよう

潜在意識は畑と同じ、あなたの畑に選《え》りすぐりの種を確実に植えていくと、あとは自然に収穫を待つだけでいい

潜在意識は心の9割を占め、そこに植えつけられたプラスの暗示やイメージは、行動や思考、習慣となって実際に現れます。

歯を磨くこと、顔を洗うこと、電車で無意識にスマホを触ること、すべて潜在意識に植えつけられているからです。

次のように考えてください。

畑＝「潜在意識」
よい種＝「よいプラスの言葉や暗示・イメージ」
収穫される実りや作物＝「行動・思考・結果・習慣」

潜在意識という畑に、よい種を撒《ま》き、肥料、水、太陽の光があればよく育つように、よい暗示や言葉、イメージを与え続けることによって、よい土壌は育っていきます。種は勢いよく芽吹き大きく実ります。

その実りこそが、「行動、思考、結果、習慣」になるのです。

このことがわかっていれば、不安からラクになるためにも、潜在意識という広大な畑に、よい種を撒けばよいということになります。

その方法が暗示・イメージといわれるものです。

次は、その暗示について説明します。

なぜ〝夜寝る前〟がいいのか

暗示とは、潜在意識に入り込み行動や思考・習慣を変えていくポジティブな言葉です。

主に催眠療法などの心理療法で使われることが多く、催眠療法士が作成した暗示を催眠状態下のクライアントに入れることにより、よい状況に変化させていく言葉のことです。

催眠療法では「暗示療法」とも呼ばれます。

ここで、暗示療法のエピソードをひとつ話します。

フランス人の薬剤師で自己暗示法の創始者のエミール・クーエ博士は暗示を唱えることで、リウマチ、喘息、結核、がんに至るまで93%の確率で完治させたといいます。

心に入り込む暗示にはこれほどまでの効果があるのです。

この本の物語にも不安を消す暗示を入れ込んであります。

潜在意識が暗示を受け入れやすい夜に読むことをお勧めします。

暗示を受け入れやすくなるのは、人が「変性意識」に入っているときといわれています。変性という言葉のとおり変化した意識をさし、簡単にいうと催眠状態ということです。

前にも述べたように、人は1日に14回程度は軽い催眠状態になっています。普通に誰でも、自然にそのようになるのです。

たとえば、夜寝る前と朝起きたときの半覚醒状態とでもいうべき「まどろみ」のボーッとしている状態です。

意識がなくなってしまえば、それは睡眠です。

そうではなく、寝る前にタイマーをかけて音楽を流していた場合、意識はあるので音楽は聞こえていますよね？

あのゆったりとした状態のことです。

すごく簡単にいってしまうと、リラックスして心地よく意識がある状態ということになります。


寝る前に5分間、この本の物語を読んでいただくと、暗示文が心の9割を占める潜在意識に植えつけられるので、ポジティブ思考になり、不安が消えるというわけです。

「21日間の法則」ってなに？

人の潜在意識の持つ働きの強さを「人類史上最大の発見」と呼び、心に願うことは必ず実現すると説いたのはジョセフ・マーフィー博士です。

彼は「潜在意識21日間の法則」を生み出しました。

なにかの行動や思考を変えたい場合は、21日間毎日行う、繰り返す、暗示を言うなどすることで、潜在意識に固定化され、習慣になると説いたのです。

習慣になったものは無意識で行うことができます。

朝起きて、顔を洗ったり歯を磨くことを、難しく考えてする人はいますか？

気がついたら自然にしていた……という人のほうが多いでしょう。苦痛にもならないと思います。

逆に行わないと気持ち悪いと感じるほど強烈に人の心・行動を支配します。
これが潜在意識に固定化された状態ということです。

本書のPart 2を21日間、つまり3週間毎日、夜寝る前に5分読んでみてください。

あなたの潜在意識にプラスの暗示が固定化され、プラス思考になり、不安が消えていきます。

それがこの本を読むと不安が軽くなる理由です。

プラスの暗示を潜在意識に入れていくことで人生が好転していくのです。

よく眠れる！　免疫力だってあがる！

この本を読むとよく眠れるようにもなっていきます。

よい眠りをとると、人の自律神経がうまく働くようになります。自律神経は免疫の調整にも関係しているからです。

自律神経は交感神経と副交感神経に分けられますが、よく眠れないとストレスを感じ、緊張時や興奮時に活躍する交感神経のほうが優位になります。こうしてストレス状態が長く続くと、免疫力が落ちてしまいます。

よく眠ることで成長ホルモンが分泌され、傷ついた細胞の修復や疲労回復を果たし、ウイルスが体に侵入するのを防ぎます。たとえ細菌やウイルスに感染したとしても、風邪やインフルエンザが治りやすくなります。

よい暗示を入れるこの本には、質のよい睡眠をサポートする入眠作用もあるため、よく眠ることで免疫力が高まります。

脳科学が明かす効果的な方法

脳科学からの観点から「不安」の解消についても述べておきましょう。

・ミラーニューロンが反応して幸せを感じる

他人の行動を見て、自分のことのように感じる脳細胞、ミラーニューロンは、まるで鏡に映ったように、自分が同じ行動や反応をすることから、そう名づけられました。

イタリアのパルマ大学のジャコーモ・リッツォラッティ教授らによって発見された神経細胞のことで、「共感回路」ともいわれています。また、見たものだけでなく、言葉などからも影響を受けます。

実際に本書の7つの物語を読むことで、物語の中に出てくるプラスの暗示となる言葉や、絵の表情、タッチなどから幸せオーラが出ているため、あなたも幸せを感じ、不安が消えていきます。

ミラーニューロンが反応して自分もポジティブになり、不安が消えていくというわけです。これは脳科学的に正しい方法です。

・よい睡眠で、イライラや不安・落ち込みがなくなる

よい睡眠をとることで、脳の疲れがとれ、内分泌系のリズムが整えられるために、イライラや不安を感じることが少なくなります。

Part 2

Stories of Miracle

読むだけで不安が消え去る「7つの物語」

1夜目

神様の才能プレゼント

黄金に光り輝く大きな神殿がありました。

神殿のまわりは、ふわふわ浮いた雲。
マシュマロのようなやわらかい弾力。
おいしそうな雲がそこらじゅうを自由に漂っています。

神殿の長椅子には、神様がゆったりと座っています。

白いシルクでできたローブをまとっています。
長い髭《ひげ》を蓄え、白髪の伸びた髪が心地のよい風になびいています。

そこへ、ニコニコと、かわいらしい満面の笑みを浮かべた、
背中から白いふわふわした羽の生えた子供ほどの身長の天使が
やってきました。

天使「神様、この赤ちゃん神殿に新しい赤ちゃんが生まれましたよ！」

神様「おお、そうか、では、その子にはなにを与えようか？　男の子か、女の子か？」

天使「女の子ですよ」

神様は腕組みをしてジッと考えています。

神様「そうか、それでは『愛』のプレゼントを与えよう」

天使「わかりました。『愛』ですね」

ここは神様が天界から地上に赤ちゃんを送る場所です。
地上ではたくさんのお母さんが、大切な子供をお腹に授かることを待っています。

神様から赤ちゃんを送られると、地上ではお腹の中に命が宿ります。

神様は赤ちゃんが生まれるときに、
一人ひとりに「プレゼント」を天使に届けさせます。
神様は、「愛」「やさしさ」「勇気」「力」「夢」「美しさ」などその人がポジティブになる才能のプレゼントを贈ります。
プレゼントを受け取った子供たちは、そのプレゼントの特性を生かした人間や性格になります。

たとえば、

「愛」を受け取ると、「やさしい子供」になり多くの人から愛される人になり、自分も地球上で「愛」を伝えるようになります。


ある人は、お医者さんや看護師さんになって人を助けたりします。

ある人は、孤児院を経営して多くの子供たちを助けます。

神様が過去に愛を与えた人で有名なのは、マザーテレサやガンジーでした。

たくさんの人たちに幸せと愛情を与えました。


天使は、生まれたばかりの毛布にくるまれた赤ちゃんを神様の前にそっと差し出します。

神様が、赤ちゃんの胸の心臓（ハート）の部分にそっと手を当て、呪文を唱えると、パアーッと手から一筋の閃光《せんこう》が走ります。

この赤ちゃんに「愛」のプレゼントが確かに与えられたのです。

地上には子供を待っているお母さんたちがたくさんいます。

天使がそのまま女の子を抱いたまま、地上に降りていきます。
旦那さんとマンションの6階に住んでいる若い女性のところへとやってきました。

夕暮れどき、キッチンで、「トントントントン！」と包丁で野菜を心地よく刻む音がします。

天使は物質を通り抜けることが簡単にできます。
地上のお母さんたちには天使の姿も女の子の姿も見えません。

彼女が冷蔵庫の中を見るために、振り返った間に、
料理をつくっている彼女のエプロン越しに、
天使は、布に包まれた小さな女の子をそっとお母さんのお腹にやさしく触れるようしました。

すると……、赤ちゃんはスーッとお母さんのお腹の中に吸い込まれていきました。

天使は「いい子になってくださいね」とひと言声をかけますが、
お母さんには聞こえません。

天使は空を飛び、雲を抜けて天界の神殿に戻り、
神様に報告しました。

神様「そうか、そうか、よかった。では、その子の30年後をいま見てみよう」

目の前に突然映画館のような大きなスクリーンが現れました。

スクリーンの中で、彼女は、女医さんになり、貧しい南の国でボランティア医師として「愛」を伝え、人々を愛し、愛されていました。

幸せそうに生きている笑顔いっぱいの風景が映し出されました。

みんなが笑顔なので、見ているこちらも嬉しくなるようです。

天使「神様、よかったですね。次は男の子が生まれましたよ」

神様「今度は男の子か、なにがいいかな？『勇気』や『力』にしようかなぁ……」

神様は男の子のハートに手を当てて、呪文を唱えます。

神様「あっ!!」

突然、神様が大声をあげたので、天使はびっくりしてしまいました。

天使「神様、どうしたのですか?」

神様「んー……。『勇気』を与えるつもりが、『笑い』の呪文とまちごおてしもうた……」

なんと間違えて、神様は「笑い」を与えてしまったのです。

天使は「もう一度やるのはダメなんですか？」と神様に尋ねましたが、一度プレゼントしたものを消したりすることはできないそうです。

迷いましたが、仕方なく、地上に男の子を抱いて降り、貧しい暮らしをしていた女の人のお腹に入れてきました。天使は直感でこの子の母親はこの人とわかるのです。

天使が天国の神様の元に戻ると、心配になったふたりは、急いで、その子の5年、10年、20年、30年、40年後を見ました。

彼は貧しく育ちましたが、心根がやさしく、その貧しさを「笑い」に変えて学生のころからクラスの人気者になりました。

そして、「僕はお笑いでたくさんの人を幸せにしたい！」と決意し、芸能事務所に所属し、毎日、劇場に出て漫才やコントをするようになります。やがて、人気が出て、テレビの冠番組を何本も持つトップお笑いタレントになったのでした。

日本で超人気者になった彼は、忙しいさなか毎日、英語のレッスンを欠かしませんでした。その努力は実ります。

40歳で、単身アメリカのロサンゼルスに渡り、小さなオーディション番組で優勝を勝ち取り、レギュラー番組でコントをするようになります。

やがて、映画監督からオファーをもらいます。

全世界から彼のコントは大絶賛され、映画界で認められ、「ハリウッドの喜劇王」とまで言われるようになりました。

そして、ついには、「笑い」の力で戦争中の兵士や国民を癒し、人々を平和にしたと「ノーベル平和賞」まで受賞しました。
神様から「笑い」の力を授けられたのに、なんと平和にまでも貢献するのです。

どんなプレゼントも使い方次第で人を幸せにできます。
満ち足りた気分にさせ、前向きにさせることができるのです。

私たちは全員、この地球に生まれる前に、
神殿の神様と天使からたくさんのプレゼントをもらって、
この世に生まれてきています。

全世界中の子供たちがそれぞれの才能を生かして、
地球は幸せの笑顔で埋め尽くされています。

あなたはどんなプレゼントをもらっていますか？
それを考えるだけで元気と希望がどんどん湧いてきて、
不安が消えていきます。

あなたが生きている今日はとっても素晴らしい一日です。

この神様と天使の物語のことを知るとさらに、

「どんな幸せがあるかな？」

と探したくなるほどウキウキと心が躍ります。

明日からの希望が湧いてきます。

2夜目

雲ヒツジと少年

少年のホランと姉のボロルマーは、モンゴルの大草原の広がる高原で遊牧民として暮らしていました。

大陸性気候で雨は少なく、空気は乾燥しています。季節や昼夜によっては夏は40℃近く、冬はマイナス30℃以下になることもあります。

高原地帯は樹木が育ちにくく、短い草が生えます。そのためにずっと昔からこの地域では、放畜（遊牧）中心の文化が発達しています。

気候や羊の餌になる草、水辺など、長年の遊牧の経験はすべて姉が教えてくれました。季節によってもっとも適した場所を探すのです。

ふたりは2時間ほどで組み立てられる移動式住居、ゲルで暮らしています。
ゲルの近くの水飲み場には10匹の羊たちがいます。

突然、辺り一面にピカッ!!　とまばゆい閃光が光り、
少年たちは目を閉じました。
次の瞬間、目を開いたホランもボロルマーも驚愕《きょうがく》しました。

「お、お姉ちゃん……。う、浮いてる。これ夢じゃないよね?」

その場にいた羊たちはぷかぷかと空中に浮いているのです。

地面から1メートルくらいのところをぷかぷかと浮いていたので、
急いでロープを首に巻いて、10匹を固定しました。

羊の毛の色がほのかに薄い黄色になっています。

もしかして、先ほどの雷と関係があるのかもしれません。

そっと手を伸ばして、羊のやわらかい毛に触れてみます。

ビリビリと感電することはありません。

そうなると、ホランはどんどんわくわくしてきました。

羊の毛をカットしてこの毛を編んで、セーターにして着れば、空に浮かぶのではないか？　と考えたのでした。

「お姉ちゃん、羊の毛をカットして売るよりも、
この毛でセーターを編んで、僕たち空をぷかぷか浮いて遊びたい！」

ボロルマーも手伝ってくれて、10匹すべての毛を採取しました。

不思議なことに毛をカットした途端、空中に浮かんでいた羊は、ストンと地上に降り立ち、歩いています。

この羊たちのことを「雲ヒツジ」と呼ぶことにしました。

ゲルでは、姉が徹夜で弟のために、セーターを編んでくれました。

編んでいるときも毛糸が浮くので、セーターが編みにくくて大変でした。

「できたよ！　これを着てごらん！」

ボロルマーは浮いているセーターをホランに着せました。

すると、ホランはゲルの天井までぷかぷかと浮いてしまいました。

「うわぁー、気持ちいい!!

本当に浮いたよ。なにも考えないでいい。最高の気分♪」

少年は大満足で、夜もゲルの中で浮いたまま寝ました。

「これ　空中ベッドだよ　気持ちいいなぁ……」

「悩みなんてなにもかも忘れてこのまま眠れそう……」

「それに暖かいなぁ……」

ぷかぷか……心がスーッと軽くなってとっても気分がいいので、いつの間にか寝てしまいました。

明日は外で空中を散歩しよう。

翌朝、さっそくホランは長いロープを自分の体に巻きつけて固定し、
お姉さんに持ってもらい、空中に浮かびました。

どんどん体が上昇していきます。
遠くに大草原、ゲル、ゴビ砂漠が広がっているのが見えます。
姉の姿がお米の粒のように小さく見える高さまで
浮かび上がってきました。

まわりは白いふわふわの雲。
その雲に触れると不思議なことにその雲の上に乗ることができました。
もう夢のようなわくわくする体験の連続です。
少年は、ずっと幼いころから鳥にあこがれていました。

鳥のように自由にどこへでも飛んでいけたら……、
と考えていたのです。

いま、すべての重力から自由になり、
すべての悩みから自由になり、
心が解放され、
心地よくて仕方ありません。

雲の上で遠くの複数の遊牧民のゲルを見たり、家畜の群れを見ました。

雲の上でゴロンと大の字になり、寝っころがると、
どこまでも透き通るような美しい青空が広がっています。
心のすべての悩みがその青の中に吸い込まれ、
不安がスーッと青空に溶けて……消えていきます。

なにも悩まなくてもいい、
僕たちは自由な生き物なんだと感じられてきます。

心と体がとても深く深く癒されました。
そしてわくわくと楽しい気分が湧きあがってきます。

あなたはどんな夢を見ますか？
あなたが見る夢は真っ白なキャンバスに好きなように描けます。
色をつけて、言葉を足して……。

地上では姉のボロルマーが待っています。

合図として、体に固定したロープを2回強く引っぱります。

ボロルマーはその合図とともにロープを引いて、ホランを地上に下ろしてくれました。

ふたりは、その雲ヒツジの空飛ぶセーターを持って、大富豪に会いに豪邸に行きました。

大富豪は、一生かけても使いきれないほどの大金で、そのセーターを買ってくれたのです。

ホランはそのお金でモンゴルの民芸品や食べ物を海外輸出する会社をつくり、さらにその利益で、貧しい遊牧民たちに無料で食べ物を分け与える活動を姉のボロルマーとボランティアとして始めました。
これを「ホラン&ボロルマー財団」と名づけました。
たくさんの人たちが喜び、笑顔になりました。

ホランはこの活動をすることを、ゲルの中でぷかぷか浮かんでいるときに、神様の神殿の天使から聞かされたのです。

「ホラン、あなたには『やさしさ』をプレゼントしました。このあと、あなたはこのような未来を送り、やさしさをたくさんの人たちに届けるでしょう」

ふたりはモンゴルの遊牧民に愛され、一生お金に困ることもなく、笑顔にあふれた日々を送り、幸せに暮らしました。

3夜目

天国の人生図書館

学校で友達となじめず、いつも気を使っていて、うまくコミュニケーションが取れないことが中学1年生の木村高志くんの一番の悩みでした。

クラスのみんなは4月に入学してすぐに友達をつくっているのに、高志くんは誰ともなじめませんでした。

小学校の6年間もずっとひとりぼっちだったけれど、中学に入学したらなにか変わると信じていました。だけども結果は変わりません。

高志くんは内向的で自分から相手に話しかけることができません。インターネットや本で「友達のつくり方」「友達と仲よくなる方法」など検索して読んでも、学んだ内容や技術を実行することができないのです。

いつもひとりぼっちだから、休み時間は友達と話すこともなく、
行き先は決まっています。
誰とも話さなくても時間がつぶせる場所。
学校にある図書館です。

高志くんは本が大好きでした。
いろいろなことが学べるからです。

高尚な難しそうなものも読んでみようと思い、
『心理学大全』という大きな辞典を書架から手に取り、
大きな机がある椅子に座って聞いてみると、
不思議なことに気がつきました。

表紙には『心理学大全』と書いてある１０００ページもある分厚くて重い本なのに、そのどのページにもなにも書かれていないのです。

白紙の紙をずっと凝視していると、体が熱くなり、
紙の中に吸い込まれていくような不思議な感覚になりました。

☆

一瞬、真っ暗な場面から明るくなり、視界が見渡せるようになりました。

そこは、いままでいたような学校の小さな図書館ではなく、
東京ドームほどの広さと高さがあり、
数えてみると18階のフロアに分かれた超巨大な本棚でびっしり埋め尽くされた場所でした。

「ここはどこだろう？　僕は学校の図書館にいたのに……」

すると黒いサングラスをかけて派手なアロハシャツを着た老人が、話しかけてきました。

「めずらしいのー、その若さでこの天国の人生図書館に来るとは……」

ニコニコしながら言います。

「ここはどこですか？」

「ここは天国の『人生図書館』じゃよ……」

「天国？」

「それじゃあ、僕は知らぬ間に学校の図書館で亡くなったんですか？」

「まぁ……気の毒じゃけどそういうことになるわな。豆腐の角に頭をぶつけて死ぬよりいいじゃろ。がははははー」

「まったく笑えないですよ‼　僕はまだまだ生きてしたいことがあるんです‼」

適当すぎる老人にさすがの僕も怒って言いました。

「はて？　なにをやり残してきたのかの？」

「僕は友達をつくりたいんです。一緒に遊んだり、悩みを打ち明けたり、家に遊びに行ったり。そんな普通の友達が欲しいんです。学校でもいつもひとりだし……」

ニマニマしながら尋ねてくるこの老人に頭にきて、本音を伝えてしまいました。

「ああ、べつに男の友達じゃなくても、女の子のほうが楽しいんじゃないのかのう？　簡単にまとめると青春したいわけか？」

「僕はどっちでもいいです!!　友達ができるのなら……。ところで、あの失礼ですけど、あなたは誰ですか？」

思春期だから女の子に興味がないわけではないけれど。

同性の友達もできないのに、いきなり異性の友達は、ゲームでいえばいきなりハードモードじゃないか！

と内心思いましたが、少し老人の話を聞いてみることにしました。

自分の顔を指さして
「わし？　私は天国の人生図書館の総合管理人じゃ。この書架には、世界中の『人の一生の歴史』が本として陳列されておる。背表紙に人の名前が書いてあるんじゃ」

「じゃあ、僕の一生について書かれた本もあるんですか？」

「あるよ。ほら、えっと名前はなんだったっけ？」

「木村高志です」

「ちょっと待っとれ」

そう言うと老人は素早く動き、あっという間に階段を上っていき、姿が見えなくなりました。

15分後に脇に1冊の本を挟んで戻ってきました。

「この本を読んだら、自分の人生のすべてを知ることになるけどいいのかの？」

「いいもなにも、僕は中学1年のとき、図書館で亡くなるんですよ？それ以外になにが載ってるというんですか？」

「あっ、その前に、この本を見せる代わりに、私の代わりをしてくれんかの？　歳での、老体に鞭《むち》打って働いとるんじゃよ。かわいそうじゃろ？」

少し迷ったけれど、それしか選択肢がないようだ。

「わかりました。仕事内容を教えてもらえますか？」

と僕は言いました。

「ここに訪れた人の『人生の書』（その人の名前の本）を探し出してきて、読んでもらい、

その人生で間違いがなかったかどうかを、本人から直接聞き、

訂正があれば、ペンで2本線を引き、新しく書き換えるんじゃ。

そして、本の奥付といって、最後の発行日のところに、本人のサインをもらってくること。

それができて、本人たちは幸せでなんの苦しみもない毎日が天国のような美しい楽園へと行くことができるんじゃよ。

その本を書架の元通りの場所に戻すと、その手続きが終了したとみなされ、楽園行きの道が現れる。

その人の『人生の書』を一時的に貸すことになるから図書館なんじゃ。

ただし、訂正は『赤のペン』を使うこと。

これは絶対に間違ってはならん」

「わかりました」

僕は総合案内人の言うとおりに、

この天国の図書館でたくさんの人の『人生の書』を訂正して、

訪れた人たちを楽園へと送る手伝いをしました。

その間、横を見ると黒いサングラスをかけた自称（？）総合案内人は、横になって、カバーからは難しそうな内容に見える本を読んでいます。でも、中身はエッチな本です。

ちらっと案内するときに見えてしまったのです。

難解な本を読みながらニヤニヤしてる人がいるはずがないです。

僕はここで１００人くらいに楽園への案内をさせてもらいました。

みなさん、僕がきれいな字で正確に「赤ペン」で訂正するので、褒めてくれました。それに、

「君は親切だし、よく話を聞いてくれる。心に寄り添ってくれる。ありがとう！」

と言われました。

中には涙を流される方もいました。僕と話してると心が安らぐそうです。中学のクラスでは誰ともしゃべらないし、聞き役に回ることもなかったなぁ……。

僕は知らない間に、たくさんの年代の人たち、性別の人たちと接していました。日ごろは接しないお婆ちゃんや60代の男性もいました。

相手の一生についてゆっくりと話を聞き、相手の発言と「人生の書」に相違点があれば尋ね、赤ペンで書き換えます。

こうしているうちに、うまく会話ができるようになり、自然に僕のコミュニケーション障害は治っていました。

ここでお手伝いをしていると、
人のお役に立つことで僕のほうが嬉しくなって、
案内と訂正のお仕事が楽しくなってきました。

そんなある日、老人がいつものニマニマ顔から一変して、
真剣な表情で、僕の本を小脇に抱えてやってきました。

「ほれ、これがお約束した前の本じゃ」

渡された僕の本には、中学1年、図書館にて心筋梗塞で亡くなる、
と書かれていました。

「ほら、なにも結局、変わらないじゃないですか?
僕がどんなにがんばっても、生き返れないし、

もう友達とも会えない！」

すると、老人は、いつも使っている「赤いペン」ではなく「黒いペン」で、

~~中学1年、図書館にて心筋梗塞で亡くなる~~

と消して、その横に黒いペンで、

「図書館で心理学の本を読んでコミュニケーション能力を身につけて、友達や彼女ができる。そして、将来は小説家になり、作品は世界中で翻訳され、愛される。子供ふたりと最愛の奥さんと猫を愛して幸せに包まれて生きる」

と書いてくれました。


「お前のがんばりはずっと見ておった。もうここも卒業じゃ。

あの場所に帰りなさい」

「あの……。どういうことで……」

聞こうとした瞬間に僕は光に包まれました。

気がつけば僕は中学校の図書館にいました。

分厚い『心理学大全』を持って。

それから20年がたった。

僕はいま、アメリカのニューヨークから田舎に移り住んで、素敵な奥さんとかわいい娘がふたり、そして猫が2匹いる。

郊外の広大な土地に建てた大きな家には、
毎日、何人もの編集者が訪ねてくる。
僕の本は、全世界中でベストセラーになっていて、お金にも困っていない。
幸せだ。

いま執筆している最新刊のタイトルは……、
『天国の人生図書館』だ。

最後の文章を書きあげた。

あなたにとても感謝している。
あなたがあそこで働かせてくれなければ、人の悩みや苦しみを聞くことも
痛みに寄り添うこともなかっただろう。

そして友達もできなかった。
あなたには内緒にしていたが、図書館に行く前日、「天使の夢」を見た。
詳細はあなたに会ったときに、酒でも飲みながらまた語るつもりだ。
また、いつか会える日を楽しみにしている。
それまで私は本を書いて世界中にハッピーを届けるよ。
あなたに読んでもらえるように。

木村高志

黒い万年筆で原稿用紙にそう綴《つづ》った。

4夜目

音楽の海辺とＩＱ１８０の天才

僕は心が迷うとき、乱れるとき、
いつも自然の中に身を置くことにしている。

幼いころに「自閉症と不安障害」と医師に診断され、母は絶望にくれ、
発達や知能の検査をするために「ＩＱテスト」を受けさせられた。
その結果を医師が見せたとき、母の曇った表情は一変して明るくなった。

医師は言った。

「息子さんは普通の人とはまったく異なる脳をお持ちです。
感覚鋭敏なのはそのためで、知能は、一般の成人は１００が普通ですが、
息子さんの数値は１８０です」

母は僕をそれからはとても大切に扱うようになった。

僕には父の記憶がない。
僕が生まれる前に病死したとだけ聞かされてきたからだ。

僕は幼いころから髪を切られるのが嫌だった。
だから、いまでも肩まで伸ばした長髪を後ろで一本に束ねている。
なにかにこだわりが強いんだ。

時折、どうしようもないほどの万能感と劣等感に襲われる。
その波が僕には苦しい。

そんなとき、いつもあの場所へ行く。
僕が大好きな「音楽の海辺」と呼んでいるあの場所だ。

以前、友人と一緒にその場所に行ったことがあった。

友達は「きれいな場所だね！　癒される」と言った。

彼は、科学的に証明されている1／fゆらぎを感じていたり、
マイナスイオンを感じているのかもしれない。
あるいは、太陽の光を浴びることでセロトニンが脳内で分泌され、
生体反応的によい気分になっているのだろう。

僕には、友人とはまったく違う世界が見えている。

太陽の光の波状は、この世のものとは思えないほど、
美しく幾何学模様に見える。
波の中に、芸術的造形美といわれる黄金比率を無数に探し出せる。

波の音は、脳内でリズムと音階に聞こえる。

昔から音を聞くと色が見える。色彩。
このことを「共感覚」と科学者たちはいう。
そういう特殊感覚も僕の世界観のひとつだ。

寄せては返す波音……。記憶が空想の世界を漂う……。

1926年、第1次世界大戦終結後のチェコスロバキアで、
スポーツ大会のためにつくられたといわれるファンファーレ、
ヤナーチェクの『シンフォニエッタ』が奏でられているように聞こえる。
毎日、海の状況が気候で変化するときには、クラッシック音楽だけどロッ
クに聞こえるときもある。

どちらにしても「感情の発露」に最適で癒される。

怒りは必要だから私たちの心の中で生じている。
悲しみや不安も必要だから感じている。

音楽には「同調作用」というヒーリングがある。
不安や悲しいときに、明るいポップスやロックなどを聴くよりも、
静かなクラッシックやヒーリング音楽を聴くほうが同調して癒されるのだ。

個人的な好みだが、私は、怒りよりも不安のほうが強い傾向にあるので、
穏やかな海のほうが、そのヒーリング度合は高い。
そのために、穏やかな晴天の日にこの海辺に出かけることが多い。

自然界では、万物は完全な調和を奏でている。
そして人間もその中のひとりだ。

目を閉じてイメージする。
瞑想のように心を静かにする。

脳はイメージと現実を区別できない。
実際にイメージしたものが現実に感じられる。

それさえも利用して自分自身を深く癒すのだ。

この「音楽の海辺」にはだしで右足をつける。
浅い波打ち際は、きめの細かい砂浜で少しだけ冷たい。

砂浜を歩くたびに、足の裏から嫌な思い出や不安、怒り、
ストレスのすべてが砂の中に吸い取られて消えていく……。

しばらく誰にも縛られず、とらわれず自由にあるがままの姿で、
好きなように海の中を泳ぐ。

賢いピンクのイルカがやってきて、一緒に遊ぼうと言う。
彼らの行動を見るだけで、僕にはすべての意思疎通ができる。

イルカに乗り自由に海の中を探検する。
呼吸は苦しくない。イメージだからだ。
美しい珊瑚《さんご》たちの群れ、見たことがないほど美しい魚たちが、
透明度の高いクリアブルーの海の中で生きている。

この世界では、同時間帯に多数の幸せな生き方をしている人たちがいる。
すべてから解放され、僕は自由だ。

海の中に人影を見た。
まだ会ったことのない父の姿だ。直感的にそうだとわかる。
父は海の中で僕を抱きしめ、こう言った。

「愛してる。ずっと強くやさしく誇りを持って生きろ」

父の姿は海の中へと消えていった……。

ほんの数分の奇跡。
僕はイルカに別れを告げ、陸上へ上がってきた。

イメージの瞑想をゆっくりとした呼吸で終えて、目を開ける。
瞼《まぶた》を開けると同時に、僕の両頬にはひと筋の涙があふれた。
この不思議な体験をしたあと、僕の不安障害は治ってしまったのだった。

僕は日本のトップクラスの名門進学校で勉強し、首席で卒業した。
その後、渡米し、アメリカの大学院に入った。
大学は飛び級でよいといわれた。
大学院も1年で卒業し、最年少で博士号を取った。

専門は心理学だ。

いま、僕は日本の地方の小さなカウンセリングルームで、
人に「寄り添う」カウンセリングをしている。

本を執筆し、講演会をして、テレビに出る。
的確な助言と心理療法の回復率に、
世間では、僕のことを「奇跡のカウンセラー」

「カリスマ心理カウンセラー」と呼んでいるようだ。

首都圏から飛行機で、芸能人や政治家といった人たちも訪れる。

どんな有名になろうと僕はどうでもいい。

内心は、無名が一番いいとさえ思っている。

赤ひげ先生のように多くの人に寄り添い、

持って生まれた神様からのプレゼントを使う。

そういえば、幼いころの胎児期記憶（お母さんのお腹の中および生まれてくる前の天国の記憶）が僕には残っている。

赤ちゃん神殿というところで神様から、「光」をもらった。

その光で僕は多くの人たちの闇を照らし、

その人の本当のよさを見つけ出す。

さあ、今日も光をこの世界に照らす役目をしよう。
それが僕の生きる意味だからだ。

僕たちが持っている不安は生きるために必要なものだ。
もし不安がなければ、遥か昔、マンモスや恐竜との戦いに負けていただろう。

不安があるから、人は不安から学ぼうとする。

不安は君の敵じゃない。
すべての感情は君の味方であり、光なんだ。

君もきっとこのことに気づくとき、心がスーッと癒されるだろう。

5夜目

海の見える丘にあるBARで

海の見える丘の上に人知れず小さなＢＡＲがありました。

そのＢＡＲには、恋人同士で飲むと幸せな結婚ができるという「不思議なカクテル」を、1年に1度だけつくるマスターがいる、という都市伝説がありました。

でも、その日がいつなのか、メニューオーダー表には当然、そのような特別なドリンクは掲載されていませんし、マスターに聞いても答えてはくれません。

マスターは人当たりがよく、いつもニコニコしていますが、口が堅いので、特別なドリンクを飲んだカップルのその後のことなどひと言も絶対に話してはくれません。

マスターは、50代の独身、細身で髭がしぶいダンディーな元心理カウンセラーということは、ホームページの情報からわかります。

びっくりすることに、この海の見えるBARは都心から少し離れているのに、噂が噂を呼び、いつも深夜までお客さんでいっぱいです。店内には客席が6つしかなく、最大でも10名しか入ることができませんでした。

ホームページには、営業時間、地図とマスターの写真と元心理カウンセラーという簡潔な略歴、お店の写真しかなく、電話番号やメールは掲載されていないので、地図を見てもわからないお客さんは、電話で聞いて訪ねてくることができません。

それ以外の情報は、なにも載っていません。

ＳＮＳで、
「恋人と一緒に飲むと必ず幸せに結婚できるカクテルを出す恋人たちの聖地ＢＡＲ」
と書かれていたりしますが、
お店やマスターの写真撮影は禁止されているようで、詳しいことはまったくわかりません。

マスターは人の話を聞くのがうまいので、
マスターと話したいから来ている常連さんもたくさんいます。

今日はクリスマスイブ。
都内の出版社で編集の仕事をしている彩は、
いつの日か、このＢＡＲに一緒に行きたい人がいました。

仕事関係の席で出会った違う出版社の編集者で、やさしく包容力のある高橋さんのことを本気で好きになりました。
何度か仕事の集まりや飲み会で出会う機会があり、
告白しようか、と悩んでいましたが、できないままでした。

「高橋さんは私のことなどただの仕事仲間としか思ってないのかもしれないなぁ……」

毎回、お話しするたびにそんな感じなのです。

彼は、もしかして彼女や好きな人がいるかもしれない。

好きな気持ちが抑えられなくて……せつなくて胸が苦しいのです。

「無理だ」とわかっていても、「たぶん振られる」とわかっていても、
好きな気持ちをどうしても伝えたくて、
仕事を終えると、そのままタクシーを拾い、40分かけてＢＡＲにたどりつ

いたのです。

ひとりでこの「海の見えるＢＡＲ」にやってきました。

マスターは忙しくない様子で、

『スグ効くおやすみ絵本　子猫のクウ　ねむり城への大冒険』の絵本を読んでいました。

「マスター、その作家さん好きなんですか？」

「うん、猫好きだから（笑）。それにクウがかわいいんだ」

マスターは軽く微笑みました。

「マスター、私、今夜好きな人に告白するんです。

それでちまたで噂のＢＡＲ『ジンクス』にあやかろうと思って、

仕事が終わってから、タクシーでここへ来ました。

私はいままで付き合っても半年でうまくいかなくなって、恋愛が長く続かないいんです。

「本当の愛」にあこがれます。本当の愛ってどんなことなんでしょうか？」

ソフトドリンクを頼んだ彩は、はちみつを使ったマスターの自家製ジンジャエールを飲みながら尋ねました。

「そうだね。愛は相手のいいところも悪いところも全部含めて愛せること。恋は相手のいいところだけ好きになって、嫌なところが見えると嫌いになる」

「あっ、そのとおりです。私はすぐ好きになって、相手の嫌なところを見て冷めて別れちゃうんです」

「彩ちゃんだったかな……。
もし、人を好きになったら、
その人といるときの自分が好きかどうかがすごく大切だよ。
自分の心の中までは、ごまかせないからね。

そして、その人と結婚するなり、付き合っていくなり、
将来を考えたときに、
不安があるのなら、それは、うまくいかないことが多いよ。
逆にいえば未来を描いたときに、
その人のそばにいる自分が幸せを感じられるならうまくいくよ」

マスターは彩の席に近づき、やさしく教えてくれました。

「本当にマスターと話せてよかったです。

感激しました。そのことを忘れないで恋愛していきます」

そう言うと彩はバッグの中に手を入れてスマホを探しました。

「私、いまから彼に電話するんですけど……いいですか？」

「ああ、構わないよ」

マスターはタバコに火をつけてぷかぷかと煙を吐き出します。

「今夜はクリスマスイブだから、
彼女がいたら電話はつながらないかもしれないけど、
それでも好きなんでしょ？」

「はい」

「じゃあ、伝えないで後悔するより、伝えてすっきりしたほうが前にも進めるから……、いまのままではずっとひとりで悶々《もんもん》と思い悩むばかりだから苦しいよね」

マスターはそう言ってニッコリと笑いました。

彩はスマホを取り出して彼にかけます。

呼び出し音がなり、彩の心臓はバクバクしています。

「高橋さんですか。こんな夜にいきなり突然の連絡でごめんなさい。実は前から高橋さんのことが気になっていて、その……えっと……す、好きなんです……好きなんです……」

「……ごめん……」

プツッ。ツーッ……ツーッ……ツーッ……。

たったの「3文字のせつない言葉」で通話は切れてしまいました。

「マスター、見事に振られちゃいましたよ（笑）。なんだか、ひとりでクリスマスイブに伝説の恋人たちの聖地に来て告白したら、もしかして告白がうまくいくかもと思って。BARまで来たのに、振られたことがみじめでせつなくて泣けてきました……」

「そんなときもあるよ。でもよくがんばったね。人が出会うだけでもすごい確率なのに、お互いに両想いになれる、恋人になれる確率なんて天文学的な数値だよ。落ち込まないで、しっかり気を持って。今日はきっといいことあるよ」

そう言うとマスターは、彩の肩をやさしくポンッと軽く叩いてくれました。

「テレビつけていいかな。明日の天気予報が見たくて……」

リモコンを手にしてマスターが尋ねました。

「あっ……ええ……どうぞ……」

「現在、日本全域で大規模な通信障害が発生しています。
現在、復旧に勤めており、いましばらく時間を要す見込みです」
「続いてはニュースの時間です。明日は晴れ。○○は晴天です」

「明日は晴れなんだ。よかった。
ごめんね、テレビつけてしまって。消すね」

マスターはリモコンのスイッチを押してテレビを消しました。

「マスター、私、幸せになりたい……」

「きっとなれるよ。僕があと20歳若かったら口説いてるんだけどね（笑）。
彩ちゃんは性格がよさそうだから、
きっといい人がそのうちに現れるよ。
今夜はもう遅いから、それ飲んだら帰ったほうがいいよ」

「マスターの言葉にはやさしさが詰まっていて泣けてきました。
ありがとうございます」

彩は残っていたジンジャエールを飲みほしてお会計を済ませ、

タクシーを呼ぼうとスマホに手を伸ばしました。

そのとき、着信音がなりました。

彩のスマホの着信画面には、「高橋さん」と表示されています。

「いま、どこにいますか？」

なんだか焦っているようで、息が荒いようです。

「○○○の海沿いのBARで『ジンクス』というお店です」

「彩さん、すぐタクシーで行くので、そのまま待っていてくれますか？」

「わかりました……お待ちしています」

そう言って通話を切りました。

スマホをずっと手にしたまま、彩は混乱していました。
意味がわかりません。なぜ高橋さんがいまからここに来てくれるのか。
先ほど振られたばかりなのに……。

40分ほど経過して、店のドアが開き、高橋さんが駆け寄ってきました。

「彩さん!!
ごめん……で、電話が切れてしまったけど、続きがあって……。
ちょうど電話がかかってきたときに、通信障害があったみたいで。
いま、あのときの答えを、あのとき言った言葉を言います」

タクシーから飛び降りて、店まで全速力で走ってきてくれたので、
息が切れていました。そんな誠実な人なのです。

「ごめん。僕のほうが先に言うつもりだったのに、
女の人から先に告白させてしまって。
僕もずっと大好きでした」

彩はそれを聞いて大泣きしました。
高橋さんはそんな彩を強く抱きしめました。

マスターは満面の笑みを浮かべて、ふたりを席に座らせました。
そして、なにも注文していないのに、
ひとつのカクテルをふたつのストロー付きで出してくれました。

「このカクテルを飲むとふたりには幸せが来ます。よければ」

「あの僕はまだ飲み物頼んでないんですけど……?
オーダーさせてください」

「いえ。これはふたりへの私からの祝福の気持ちです。
これはオーダーでつくるのではなく、私の気持ちでお出ししています。
どうぞお飲みください」

ふたりはそのカクテルを飲み、1年の交際を経て結婚しました。

そして、そののち、マスターに言われたとおり、
相手といるときの自分が好きで、
ふたりの将来を想像したときに不安にならないということと、

お腹の中に新しい命が宿ったことを報告しました。
マスターはとても喜んでいました。

ふたりは結婚して子供を授かり、生活を楽しんでいます。
幸せに満ちあふれています。
朝起きて目の前に愛する人がいる喜び、その肌に触れられる幸せ。

彩はマスターに電話で聞きました。

「あの『カクテル』の名前教えてもらえますか」

「長いですけど……いいですか？」

『愛はふたりでつくっていくもの、感じるもの』

6夜目

子猫のクウ『森のしあわせ診療所』と幸福宝島の冒険

ここは幸せの王国。
ここには、妖精、動物、小人、魔法使いなどが幸せに暮らしています。

クウは、お母さん猫のローザと親子ふたりで、
森の中に小さな2階建ての木でできた家に住んでいます。

ローザお母さんは料理が大好き。
ローザお母さんが魔法をかけると、
小人や妖精がフライパンを裏返して、
おいしいホットケーキを焼いてくれます。

近所のミツバチのロビンおじさんからもらった特製のはちみつを
たっぷりつけて食べるハニーホットケーキは絶品で、
お口の中がとろける甘さで幸せがスーッと広がります。

「お母さん、最近聞いたんだけど、
『幸福宝島』っていう幸せになれる場所があるらしいんだ。
お母さんは知ってる？」

クウはホットケーキをペロリとたいらげて尋ねました。

「うーん、お母さんは知らないけど、
物知りのふくろう医師に聞いてみるといいかもしれないわ。
先生は心理学の有名な先生でお医者様でもあるから、
きっとなにか知っているはず。

ふくろう先生は私たちのかかりつけ医の先生だから
クウもよく知ってるでしょ。

『森のしあわせ診療所』に今日もいると思うわ。
いつもの道だから迷わないと思うけど……」
「うん、じゃあ行ってくるね」
クウは森の中をてくてく歩いていきます。
リンゴの木の生えた高台に、『森のしあわせ診療所』があります。
クウは診療所の中に入りました。
ナースのすずめさんが、「あら、クウちゃん、どこか悪いの？」
と聞いてきました。
「いえ、そうではなくて、ちょっと先生に聞いてみたいことがあって。
いま患者さんがいないのなら、先生とお話しできますか？」

「ちょっと待ってね。いま、不思議なことに誰も患者さんがいないのよ。運がいいわね！」

そう言うとナースのすずめさんは待合室から診察室へ入っていきました。数分後に、診察室から姿を見せて、

「クウちゃん、先生がおいでって！」

と手招き（正確には羽で）してくれました。

診察室には白衣姿のふくろう先生が診察机の椅子に座っています。

「よく来たね。今日は誰も患者さんが来てないんだ。まぁ、平和な証拠だからいいけどね。ふぉふぉふぉ」

と笑います。

「先生ならなにか知ってるかと思って。
不安がなくなる『幸福宝島』がこの国のどこかにあるって、
友達猫のカイに聞いたんです」
クウは言いました。

すると、ふくろう先生は羽でクウの胸をさして、
「『幸福宝島』は場所ではなくて、その人の心の中にあるんだよ。
この『幸福宝島』で幸せになる方法を教えてあげよう。そうすることで、
いつでも胸の中にある『幸福宝島』にアクセスできるようになる」
と言い、まず「幸福宝島のルール1」の説明から始めました。
「クウは嫌なことを頭の中で考えてしまったり、

不安になったりすることがあるだろう？」

「はい、よくあります。

明日は寝坊しないか、魔法学校に間に合うか、

テストで零点取らないか、クラスの好きな子に嫌われないか、

などよく不安になります」

「実は幸福宝島で一番大切なことは、

心の中に引っかかるものを抱えている状態から、

いかにして、心のすべてを曇らせないか、ということなんだよ。

ポジティブ感情とネガティブ感情の割合を

まずは3対1にすることを目指しなさい。

人間がいた時代の古い書物によると、

ポジティブ心理学という学問があり、それがその教えのひとつでもある。

クウは今朝、家があったことに感謝したかな？
あったかい布団があることに感謝したかな？
お母さんのおいしいごはんを食べられることに感謝したかな？
ここまで歩いてこられる健康な足と体があることに感謝したかな？」

ふくろう先生はニコニコ笑顔で聞いてきます。

「いえ、当たり前と思っていました。
だから感謝の気持ちなんて全然ありませんでした。
でも先生に言われてみて、感謝してみると、
心の曇りがパァーッて晴れてきました」

「感謝するというのは、実は『気分がよくなること』なんだ。人間界のオランダ・トゥウェンテ大学の心理学者でメンタルヘルスの専門家のErnst Bohlmeijer氏の研究によって、実際に科学的にも、『意識的に感謝をすることがメンタルヘルスを改善させる』ということがたしかめられたそうだ。

たとえば、不安の考えがひとつ出てきたら、いま言ったように、自分の身近にあるものに意識を向けて、ひとつのネガティブを3つのポジティブの感謝で消すのがいいわけなんだ。私の場合なら、ここにある①医療器具や②薬、③医学事典に感謝という感じでもいい。

①クウくんと話す口があってよかった、②病院があるおかげでたくさんの患者の命を救える、③ナースのすずめさんにも感謝。こんな感じでも

いい。

嫌な感情が出てきたら、このように即座に3つの感謝を探して言葉に出すと心が晴れる。

愛する人がいることにも感謝できるな。水が飲めることもね」

そう言ってふくろう先生は、

診療机の上にあった湯呑の水をペロペロと飲みました。

次にふくろう先生の話は、「幸福宝島のルール2」にうつりました。

「実際には言葉として出さなくても、

自分が自分の心の中で言う言葉をセルフトークという。

たとえば、否定的なセルフトークなんだが、

①テストうまくできそうにないなぁ
②今回も失敗するに違いない
③私ほどドジなやつはいない
④また感情的になった
⑤自分なんかいないほうがいいに決まってる

などと思ったことはあるかな？」
ふくろう先生は尋ねます。

「僕は不安気味だし、ドジばかりするし、テストで失敗ばかりするから、イライラ感情的になったり、時にはこんな自分が嫌いって思うことがあって、心の中でふくろう先生の言うネガティブなセルフトークをいっぱいしてきたなぁ……って思います」

「それは自分が自分の心にかける『呪いの言葉』なんだよ。
そんなときは、『祝福の言葉』（自分を愛する・応援する言葉）を
かけてあげるといいんだ。

さっきの例だと……。
①大丈夫、なんとかなる！
②絶対にうまくいく！
③僕は天才だから大丈夫！
④冷静に対処できるよ！
⑤生きてるだけで素晴らしいよ！

実際に口に出して言ってみると勇気が出てくるよ。
元気も出てくるし、不安がスーッとなくなるんだ。

もし、呪いの言葉が出てきても、
すぐに祝福の言葉を唱えて打ち消せばいいんだ。
祝福の言葉のほうがパワーが強いからね！

そしてどうしても呪いの言葉で苦しくなったときは、
〝それって本当なの？〟と自分で問いかけてみるといいよ。
絶対にそうとは限らないことが多いんだ。

たとえば、〝僕は勉強ができない〟という呪いの言葉が出てきたときに、
〝それって本当？〟
と聞くと、例外が出てくる。
〝好きな世界史は90点取ってるなぁ〟
ってね。

そうやって打ち消していくと、
不安が起こらなくなっていくんだよ。

結局、不安は自分の心のクセで、
自分でつくり出して、自分で苦しんでいるんだよ。
だから、私は〝自分いじめ〟と呼んでるのだけど、
〝自分いじめ〟をやめて、祝福の言葉をかけてあげよう。
どんどん自分の気持ちがスーッとラクになって、前向きになるよ。

そのことを習慣にするといいんだ。

このふたつがちゃんとできていたら、
いつでも『幸福宝島』はクウの心の中にある。
つまり幸せで、いつも自分の機嫌を自分で取れるように、ケアできるよう

になる。

最後のヒミツも教えよう。

それは運について。

人間界の古書を読むと、日本という和の国の名言にまつわる逸話が残されている。

パナソニック・松下電器というブランドをつくった松下幸之助という人は、実力は10％、運が90％と言っていた。

自分の会社に入りたいという人に、「あなたは運がいいですか？」と聞いて、「運がいいです」と答えた人を会社に入れたという実話がある。

これも心理学でいうところの自己暗示の一種で、

「自分はツイてる、幸せになる、運がいい」

と思っていると、そのとおりの成果を潜在意識が出してしまうんだ。
だから、最後の『幸福宝島のルール3』は、
自分は運がいいと信じ込むことにあるんだよ。
この3つのルールを大切に守ると不安はスーッと消えていく」

「わかりました。ものすごく勉強になりました！
この先生の教えで、明日からがんばってみます。
今日はありがとうございました‼」

クウの目はらんらんと輝いています。
ふくろう先生に今日の講義のお礼を言って、
クウはローザお母さんの家に戻りました。

それから15年後。

クウはどんどん元気になり、勇気が湧いてきました。そして聡明に育ちました。

毎日、クウは多くの住民に幸福宝島の教えを教え、そして自らが実践していました。

多くの人たちが幸せになり、みんなの尊敬と人望を勝ち得たのでした。

今日は『幸せの国』の新しい王様の即位継承の日。

多くの動物、妖精、小人……、国中のものが集まっています。

お城では、クウが王冠を被り、王様の椅子に座っています。

幸福宝島の教えを実践して、クウはついに王様になったのです。

この国の住民に『幸福宝島のヒミツ』を教え、
幸せの王国は、みんながいつも幸福で満たされる一番住みたい王国と言われるようになりました。

クウはお母さんのお腹の中にいたとき、
天使から「勇気」のプレゼントをもらったことを、
王様になって、思い出しました。

7夜目

天使が見える画家の世界

世界は私にとってとてもやさしい。
私は生まれつき耳が聞こえない。

けれども、本当に伝えたいことは、相手の瞳を見れば、わかる。
その瞳の中に「天使の羽」が見えると、
それはやさしさ・愛情からの好意だと感じる。
悪意には天使が宿らない。

耳が聞こえないことを嘆いたことは一度もない。
私にはできることがたくさんあるから。
「できることを数えること」が幸せになることだと
知っているから。

不安なことは数えない。

不安に呑み込まれるよりも、
いまの自分と地球が幸せになれることを考える。

ここに違う人間が3人いて、たまたまひとつの車があったとする。

同じ年式で赤い国産のカローラを見ても、
ひとりはデザインのことを語る。
もうひとりは色のことを語る。
もうひとりは機能性や燃費・乗り心地を語る。

みんな、同じものを見ても違うものを見てる。

このことに気づけば、どこを見れば幸せになるか、いい気分になるか、
自分の視点の選び方は、自分自身だと気づくだろう。

なにを見るかが大事なのだ。

いまでも、たくさんの人たちが私に話しかけてくる。
おしゃべりな人ほど誰の言葉も耳に入らない。
いつもしゃべってばかりいるからだ。

静寂の意味を知らない人たち。
本当はなにひとつ聞こえていない人たち。

私には、聞こえる。

天使の声。
天使の歌。
天使の祝福。

天使の羽が見える。

今日もひとり「アトリエ」で絵を描く。
私は整理整頓が得意ではないので、
部屋の中はペンキ、スケッチの紙、イーゼル、絵の具、諸々……、
散らかっているし、私の服や手や顔にも、
油絵の具がついてしまうことも多い。

そんな外見なので、まわりの人たちは、
私と街中ですれ違うと、できるだけ避けて歩く。

アトリエと先ほど言ったが、実はアパートの一室だ。
アパートといっても、築60年の老朽化したアパートを
大家さんの懇意で使わせていただいているだけだ。

自分のアパートはココとは別にある。

「こんなにかわいい若い女の子が、
ひとりでずっと引きこもって、毎日絵だけ描いてるなんて……」

大家さんは、私の外見をかわいいと言ってくれる。
ずいぶんと物珍しい人物だが、
天使の羽が心に見えるので嘘ではない。

絵を自宅で書くわけにはいかない理由が私にはある。

私は国の制度で生かされているから、
ケースワーカーさんが家に来られたとき、

こんな部屋では困ることになるのだ。

私は生活保護や障害年金といった国の制度で生かされてはいるけれど、
それを恥じたことは一度もない。
私に無償の愛でアトリエを貸してくれる大家さんがいるように、
世の中は愛の循環で回っているのだ。

私には天使がかたわらにいるし、寂しさなんてない。

でもたまに不安に駆られるときは、よく青いものを思い出す。
青は鎮静作用がある。浄化の色だ。
青色はくつろいだ気持ちにさせてくれる。
よく青を好んで使うのもそのためだ。

透き通るような青空。
果てしない海。
美しい青色の花。
青い海にこの身をゆだねてぷかぷかと浮かぶことを想像したりする。

ここに小さな手に握れる程度の小さな水晶がある。
この青いクリスタルは雑貨屋さんで安く購入した。

クリスタルを1回ギュと握るだけでとてもリラックスできる。
「安心してる。落ち着いている」と自分に言い聞かせると、
自分の声が耳の骨伝導を通って聞こえてくる。

より深く潜在意識の深いところへ。

いろいろな考えがスーッと落ち着いてくる。
私は嫌なことがあったり、不安になったりすると、
よく青いクリスタルをギュと握る。

天使は見ていてくれる。
私の心がそのまま描いた絵に現れる。

でも本当は、私は自然界にあるもののパイプ役にすぎない。
自然界にある完全なものを私という人間を通して絵に投影するのだ。

天使はそれをとても喜んでくれる。

ある日、アパートに忘れ物があって大家さんが戻ったとき、
私は集中するとなんでも忘れてしまうクセがあって、

玄関の扉を開けっ放しにしていたようだ。

「舞ちゃん！」

私の本名は木坂舞《きさかまい》という。
大家さんは私が一心不乱に絵を描いていた後ろにいて、
背中から軽く肩をたたいて、部屋に入ったことを教えてくれた。
そして、目が点になっている！

大家さんは急いで、ペンと紙を取り出して書いた。
「舞ちゃん。この奇跡とも思えるような素晴らしいたくさんの絵をひとりで描いたの？」

「はい、天使が描かせてくれるんです」

筆談で大家さんに言葉を伝えた。

「そうなの……。すごいよ、この絵。50枚はあるね。あと、女の子が玄関の扉を開けっ放しはダメだよ。危ないから」

私は1回だけ、こくん……とうなずいた。

「僕の知り合いに個展を開ける場所を経営しているBARのマスターがいるんだけど、一度、そこで個展をしてみない？
こんな素晴らしい絵、見たことないよ。
これは全部、天使の絵なの？」

私は筆談でこう書いた。

「ぜひ、個展してみたいです。
天使が話しかけてきて描く絵が見えるんです。
天使の羽が舞うとき、私は自由になれる」

☆

1か月後、海の見える丘にある元心理カウンセラーのマスターがいる
BAR『ジンクス』で個展が開催された。

マスターは常連のお客さんに個展があることを知らせていたので、
幸せそうな恋人同士、出版社勤務の彩と高橋も来ていた。

「マスター。この絵、
あの耳の聞こえないかわいい女の子が全部ひとりで描いたんですか？

なんていうか、心のすべての感情が洗い流されて清められるというか、神秘的で幻想的で、ずっと見てると作品が生きてるようで、生命力を感じます。そして、吸い寄せられます」

彩はそうマスターに話しかけた。

「彩ちゃん、そうみたいなんだ。あの子は見えないものが見えるみたいでね。描くためにこの世に生まれてきたような女の子だよね」

マスターは久しぶりに会った彩ちゃんに笑顔で答えた。

「私、この絵を本にしたいです！

癒しの画集作品として世の中の多くの人にこの絵を知ってほしい！」
彩はこの本を世に出すことが使命のような気がし、
やっと巡りあえた嬉しさで涙が出てきた。

「直接、舞ちゃんと筆談してみるといいよ」

マスターはタバコの煙をぷかぷかさせて言った。

そのとき、長髪で髪の毛を後ろで一本に結んだ背が高い細身の男性が
絵をじっと見てこう言っていたのが、
彩には聞こえた。

「この絵の中には自然が宿っている。

黄金比率が無数に見えるこの絵には、時価1億はくだらない価値がある」
彩は、「1億円？　黄金比率？　なんなのこの人？
もしかしてこの若さで著名な絵画バイヤーかなにかなの？」
と思ったけれど近寄りがたいオーラがあるので関わらなかった。

その後、大人びた雰囲気の彼は絵を見つめながらつぶやく。
「アメリカの大学院の近くの、いま住んでいる部屋に絵を購入して飾ろうかな……」
「バイヤーじゃなく、アメリカの？　大学院生？　頭いい人なんだ。
一時帰国してまでマスターの紹介でこの絵を見にくるなんて、
それほど魅力的な絵ってことがわかってなんだか嬉しいなぁ……」
そう思うと彩は、彼に対する印象が１８０度変わり好感を持った。

ジンクスの店内には、噂を聞きつけた常連たちからのお花が並んでいた。
その中には芸能人、政治家、有名企業の社長など、
テレビで見たことのある名前がいくつもあった。

モンゴルからもお花が来ていた。
「ホラン&ボロルマー財団」と書いてある。
国際的な付き合いもマスターにはあるんだ。

「やっぱり、マスターって有名なんですね」

「そんなことないよ、全然」

いつも謙虚なマスターが笑顔で答えてくれた。

そのとき、彩は目を疑った!!

『蒼き流星群』で芥川賞を受賞した「小説家・木村高志」の名前もあったからだ。

いまではベストセラー作家であり、出版界ではみな、先生の原稿が欲しくて原稿待ちしている。

もうすぐアメリカに住むという噂も業界で聞いた。

「マスター!! あの木村高志先生とお知り合いなんですか!!

うちの社から小説出していただけないかなぁ……」

「ははは、彩ちゃん、二兎を追う者は一兎も得ずというでしょ。

今日は、舞ちゃんの本を出しにきたんでしょ?」

マスターに言われて彩は、

あまりに興奮してしまったミーハーな自分を反省した。

「サインだけでも欲しい……」

実は彩は木村高志の小説をすべて読んでいる。

気を取り直して彩は舞の前に立って話しかけた。

「舞さん。はじめまして。こころ書房の編集者の近藤彩といいます。今回のこの作品に魂をひきつけられました。もし、よろしければ、うちから絵を本にして出版させていただけませんか？」

彩は、断られたときは、一作品だけ購入して、いずれふたりの部屋に飾ろうとさえ思うほど素晴らしい絵だった。

「私の絵は天使が描かせたもの、私のものではありません。
ですから、本にしていただいても構いませんが、印税はいただけません。
印税は恵まれない方に全額寄付させていただくという条件でいいですか？」

絶対にこの本は、人々の心を打つと信じて、
彩は、寝食を忘れて本の制作に打ち込んだのだ。

こうして、舞の絵は本になり、世界的ベストセラーになった。
全世界で3000万部売れたその一切の印税を
舞は恵まれない人や団体に全額寄付し続けている。

彼女は海外の一流のクリエーターに贈られる賞の受賞が決まったが、
その賞も自ら辞退した。

そのとき彼女が言った言葉はのちに伝説となった。

「私が賞をもらうためにいろいろな方が推薦してくださり、お金が動いたと思いますが、そのお金も寄付したいくらいです。

私は賞をもらうために描いているわけではないです。

授賞式に出る時間があるのなら、ボランティア活動をしたいです。

無償の愛、無条件の愛だけが純粋に人々の心を救います」

彼女はいまも大家さんの古いアパートで、

毎日、黙々と天使の絵を描いている。

質素で堅実な生活を続けている。

地位や権威、お金、名誉、
そういったものにまったく興味がない。

☆

ある夜、舞が寝ていると、天使が舞い降りてきてこう言った。

「あなたは、人間に生まれる必要のなかったほど私たちに近い存在です。
だから、私たちが見えるし、私たちと話せるのです。

これからも地球の人たちのすべての癒しのために、
絵を描き続けてくださいね。
あなたの絵には天使の力が宿っています。
だから癒されるんです」

そう言うと天使は彼女の耳にやさしく手をそっと当てた。

「あなたには『無条件の愛』を贈りました」

そして天使はいなくなり、舞は深い眠りに落ちた。

☆

翌日、いつものようにテレビのスイッチをつけた。

目で見るだけだ。

でも、今日は違っていた。

朝起きて、小鳥の声、風の歌、光の音、テレビの音……、音が聞こえる？

私は幼いころ、耳が聞こえないことでイジメなど受けてきた。
経済的困窮でパン屋でパンのみみだけ無料でゆずってもらい、
飢えをしのぐ暮らしもしてきた。
ひとりで泣くことは、もうやめようと決意していた。
でも、今朝だけは泣くことを許してもいいなと思ったのだ。
ずっと涙があふれて止まらない。

これまでのつらい人生にさえ、慈悲があった。
人に施し尽くしてきた人生。

私はこれからも私と人のために生きていく。
ありがとう、天使さん。

才能を授けてくれたあなたに感謝している。
不安や恐怖の反対は愛。
愛はすべてを包み込み癒す。
あなたのことをずっと永遠に愛してる……。

おわりに

最後までお読みいただきありがとうございました。

物語を読むことで心の不安が科学的にスーッとラクに、そして明るく元気になるようにつくりました。

私は催眠療法の専門家です。

催眠療法は言葉と暗示によって潜在意識に変化を起こすものです。

この本の中に、脳科学や心理学の理論とともに、そのエッセンスを書かせていただきました。

また、私は絵本作家でもあるので、シナリオやプロットをつくる技術が今回の小説を書くに当たり役に立ちました。

この本は日常生活の軽い不安をスーッとラクにする本です。

パニック障害や社会性不安障害、うつ病、発達障害などの強い不安の悩みには、著書『パニック障害の不安がスーッと消え去る17の方法』『〈脳科学×心理学〉で自己肯定感を高める方法』『〈弥永式〉自律神経ケア術　心と体の不調がスーッと消え去るCDブック』（共に大和出版）をお勧めいたします。

幸せになる人には、ひとつの絶対的な特徴があります。

あなたが持っているものの中で、一番活用しやすく、すぐに最大限の効果を引き出せるもの、それがあなた自身であり、あなたの潜在意識です。

幸せになる人は潜在意識をうまく使うことに長《た》けています。

いままで1万2000人のカウンセリングや、成功者や起業家、芸能人、ア

スリートの方たちのメンタルトレーナーをさせていただき、
「成功する人」と「成功しない人」、
「成功しても幸せじゃない人」と「成功して本当に幸せになる人」
の違いがわかったように思います。
その秘密が、本書のPart 1で述べた潜在意識をうまく使いこなしていること
なのです。
うまく使いこなしている人ほど、成功して幸せになっています。

私はこの物語の中に「マザーテレサ」の名前を出しましたが、
彼女はこのような名言を残しました。

「人はほんのひと言の褒め言葉で数年間、幸福に生きられる」
「愛の反対は無関心です」
みなさん一人ひとりが生きている環境や状況は違いますが、自分の潜在意識
によい暗示の種を植えて、愛を育ててください。

その愛がコップから水があふれ出すように、まわりの人たちにも伝わっていきます。

「あの人といるといつもいい気分でいられる」
「あの人の笑顔やいい言葉を聞くだけで元気になれる」
「やさしくて包容力があるから会いたくなる」

きっと、このように人々に好かれ、必要とされると思います。

あなたの頭に「会いたいなぁ……」「話したいなぁ……」と、最初に名前や顔が浮かぶ人たちは、みな、自分の「心の機嫌の取り方」や「人の褒め方」をよく知っています。「相手への敬意」と「ギブ（なにかを与える）」を必ずしてくれている人のはずです。

つまり「潜在意識の活用法」を知らずのうちに使いこなしているということ

です。

この本を読み　あなたの不安が少しでも軽くなり、明るい気分、幸せになれたら著者としてこれ以上の幸せはありません。

あなたがこの本を読んでいるとき、私はいつもあなたのそばにいます。ずっと寄り添っています。

いつかあなたに会える日を楽しみにしています。

令和2年　大分市の秋の星空を書斎の窓から眺めながら

弥永 英晃

著者プロフィール

弥永英晃（やなが　ひであき）

心理カウンセラー・メンタルトレーナー・カウンセリング学博士・看護師・作家。大分県大分市在住。

21年間に1万2000人超のカウンセリングを経験。回復率は98%を誇る。個人セッションの予約が5年待ちの人気であることから、「奇跡のカウンセラー」「カリスマ心理カウンセラー」と呼ばれる。

自身も精神科看護師時代にうつ・パニック障害を経験。セラピー・カウンセリング・コーチングを体系的に学び、実践。心理療法でよくなったことから、米国催眠療法専門大学院にて学び、カウンセリング学博士号を取得。

心療内科・精神科・思春期外来の病院カウンセラーを経て独立。

専門は、不安、うつ、パニック障害、トラウマ、愛着障害などの病気の改善だけにとどまらず、恋愛、ダイエット、禁煙、依存症、不眠など幅が広い。

また、スポーツ選手の能力開発や受験での成果を出す、記憶力をあげるなどの頭がよくなるメンタルトレーニングも行っている。

医師・臨床心理士・看護師などに心理療法を指導している。

個人セッションは、有名芸能人・スポーツ選手・政財界人・医師・弁護士・起業家・公務員・教師・学生・主婦とあらゆる職種の人によって常時予約待ち状態である。

作家・著述家としても精力的に活動中。

著書に、『症状改善率98％のカリスマ心理カウンセラーが明かす　パニック障害の不安がスーッと消え去る17の方法』『「脳科学×心理学」で自己肯定感を高める方法』『〈弥永式〉自律神経ケア術　心と体の不調がスーッと消え去るCDブック』（共に大和出版）、タレントの安西ひろこさん推薦の『薬に頼らずラクになる　やさしいうつの治しかた』『スグ効くおやすみ絵本　子猫のクウ　ねむり城への大冒険』などがあり、累計12万部を超える。主著は台湾、韓国で海外翻訳され、中国でも翻訳が決定。

読んで心がラクに健康に、幸せになることをモットーに執筆を続けている。

著者ホームページ
https://www.innervoice.com/
詳しくは「弥永英晃」で検索してください

恋愛・仕事・人間関係・健康・お金
“寝《ね》る前《まえ》に５分《ふん》”読《よ》むだけで「不安《ふあん》」がスーッと消《き》え去《さ》る本《ほん》

2020年10月31日　初版発行
2022年5月30日　3刷発行

著　者……弥永英晃《やながひであき》
発行者……塚田太郎
発行所……株式会社大和出版
東京都文京区音羽1-26-11　〒112-0013
電話　営業部03-5978-8121／編集部03-5978-8131
http://www.daiwashuppan.com
印刷所／製本所……日経印刷株式会社
装幀者……松田行正＋倉橋弘（マツダオフィス）
装画者……みずす

ISBN978-4-8047-6357-6